Milet Publishing
Smallfields Cottage, Cox Green
Rudgwick, Horsham, West Sussex
RH12 3DE England
info@milet.com
www.milet.com
www.milet.co.uk

First English–Italian edition published by Milet Publishing in 2013

Copyright © Milet Publishing, 2013

ISBN 978 1 84059 842 1

Original Turkish text written by Erdem Seçmen
Translated to English by Alvin Parmar and adapted by Milet

Illustrated by Chris Dittopoulos
Designed by Christangelos Seferiadis

Printed and bound in Turkey by Ertem Matbaası

My Bilingual Book

Touch
Il tatto

English–Italian

How do you know what's smooth or rough?

Come fai a sapere se un oggetto è morbido o se ti può scorticare?

Your hands are your sensors, they're sensitive and tough!

Le tue mani sono sensibili e resistenti: prova a esplorare!

If you play without gloves in the snow,

Se giochi nella neve i guanti non puoi dimenticare!

your hands will get cold, you know!

Le mani intirizzite fanno troppo male!

Teddy bear feels soft and furry.

L'orsacchiotto di peluche è morbido e carezzevole.

Play-dough feels nicely squishy!

Come scivola tra le dita la plastilina: provare per credere!

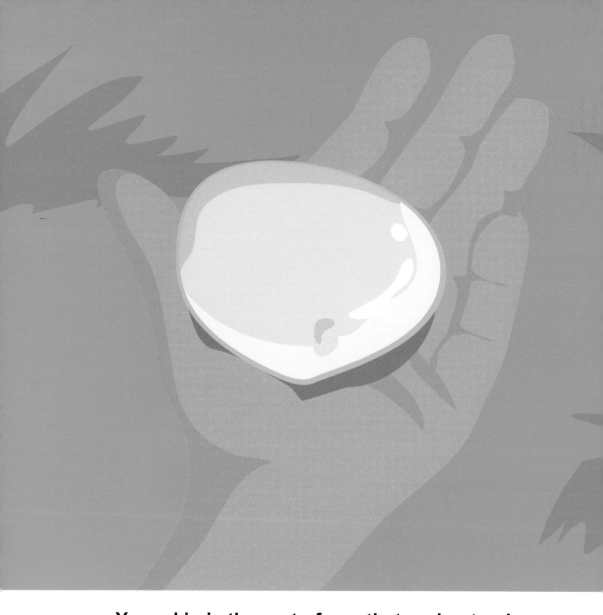

Your skin is the part of you that understands

Ma è la pelle sul tuo corpo a percepire in un baleno

how different things feel in your hands.

la differenza al tocco degli oggetti nella tua mano.

The touch sense comes from nerves in your skin

È il senso del tatto che dalla pelle al tuo cervello

that travel to your brain and say, message in!

comunica le sensazioni grazie a tanti nervetti invisibili. Che bello!

Your brain decides quickly what to do

Messaggio ricevuto, dice il cervello

and nerves send the message back to you!

e ordina ai nervetti di fare questo o quello!

So when you touch something sharp,

E allora se un oggetto ruvido per caso hai toccato,

your nerves tell you, stop!

il cervello dice: stop! Il messaggio è immediato!

Or they tell you to be gentle

E se ti avvicini a un fiore bello e delicato,

when you touch a soft petal.

il cervello ti dice: attento, fai piano o è rovinato!

Touch helps you learn about nature and things.

Il senso del tatto ti aiuta ad imparare

It's really amazing, all the knowledge it brings!

tutto sulla natura e gli oggetti che vuoi toccare!

Your touch can also show you care,

Con un tocco puoi anche dimostrare

like hugging someone who is dear.

quanto bene vuoi alle persone a te care.